中小学生核心素养系列丛书

中小学生
民法典知识

王顺安 ◎ 编著

沈阳出版发行集团
沈阳出版社

图书在版编目（CIP）数据

中小学生民法典知识 / 王顺安编著 . -- 沈阳 : 沈
阳出版社 , 2021.8
ISBN 978-7-5716-1987-9

Ⅰ . ①中… Ⅱ . ①王… Ⅲ . ①民法 – 法典 – 中国 – 中
小学 – 课外读物 Ⅳ . ① G634.263

中国版本图书馆 CIP 数据核字（2021）第 155830 号

出版发行：沈阳出版发行集团 | 沈阳出版社
　　　　　（地址：沈阳市沈河区南翰林路 10 号　　邮编：110011）
网　　　址：http://www.sycbs.com
印　　　刷：北京九天鸿程印刷有限责任公司
幅面尺寸：170mm × 240mm
印　　　张：6.5
字　　　数：89 千字
出版时间：2021 年 9 月第 1 版
印刷时间：2021 年 9 月第 1 次印刷
责任编辑：马　驰
封面设计：何洁薇
版式设计：吴海兵
责任校对：王玉位
责任监印：杨　旭

书　　　号：ISBN 978-7-5716-1987-9
定　　　价：29.80 元

联系电话：024-24112447
E – mail：sy24112447@163.com

序 言

2020年5月28日，十三届全国人大三次会议表决通过了《中华人民共和国民法典》，这是中华人民共和国成立以来第一部以"法典"命名的法律，是新时代我国社会主义法治建设的重大成果。

习近平总书记指出："要把民法典纳入国民教育体系，加强对青少年民法典教育。"同时他还指出："民法典专业术语很多，要加强解读……阐释好民法典一系列新规定新概念新精神。"

《民法典》共7编1260条，是我国法律体系中条文最多、体量最大、篇章结构最复杂的一部法律。《民法典》颁布实施后，将其原封不动地引入到中小学生的课堂，显然是不合适的，这也是习近平总书记提到的"民法典专业术语很多，要加强解读"的原因所在。

本书正是面向中小学生解读《民法典》的知识读本。《民法典》中的很多条款都可能会与中小学生产生关联，但以中小学生现阶段的认知水平和应用实践而论，这些法条难免显得艰深晦涩。经过筛选，我们选出了那些与中小学生生活相关且易理解的法条内容，以相关案例加通俗易懂的解读来帮助中小学生更好地理解《民法典》。比如，见义勇为的免责条款，文体活动的"自甘风险"条款，婚姻家庭关系中的"家风条款"，这些都是中小学生应学应知的内容。

由于篇幅的原因，本书在解读《民法典》条文时，并没有过多向外延伸，对于一些具体内容只是点到即止。如果阅读此书的中小学生对相关内容感兴趣，还应去查找对应的法律条文规定，从而更好更全面地了解。

《民法典》是"社会生活的百科全书"，与中小学生的日常生活、个人成长和未来发展有着千丝万缕的联系。无论是现在，还是未来，中小学生的生活都离不开这部"百科全书"。

目　录

第一章 何为《民法典》

- 《民法典》编纂历程
- 《民法典》的基本内容
- 《民法典》颁布有何意义
- 《民法典》"新"在哪里
- 《民法典》是未成年人的"保护伞"

一 《民法典》编纂历程

导读站

2020年5月28日，十三届全国人大三次会议表决通过了《中华人民共和国民法典》，自2021年1月1日起正式施行。这是中华人民共和国历史上第一部法典化法律，被誉为"社会生活的百科全书"。

民法小讲堂

在党和国家的高度重视下，民法学界努力推动，社会各界人士纷纷建言献策，经过了近七十年的探索总结，《民法典》终于问世。

1954年，我国第一次起草民法典，虽然启动了民法制定工作，但是因客观原因未能取得实际成果。

1962年，我国开始进行第二次民法典的起草工作。遗憾的是，此次民法典编纂工作与第一次一样，因为一些客观原因并没有顺利完成。

1979年11月，为了顺应改革开放的客观要求，我国启动了第三次民法典编纂工作。到1982年5月，完成了《中华人民共和国民法草案（第四稿）》，包括8编、43章、465条。

此后，由于国内一些客观条件尚未成熟，我国暂停了民法典的起草工作，转而开始制定民事单行法。在这一背景下，我国相继出台了《中华人民共和国经济合同法》《中华人民共和国继承法》《中华人民共和国涉外经济合同法》《中华人民共和国技术合同法》等。

1986年通过的《中华人民共和国民法通则》，不仅包括了民事关系中共同具有的一些基本规则，也包括了民法典中的一些内容，相当于一部"小体量"的民法典，其所确立的体系与制度为民法典体系的构建奠定了坚实基础。

2001-2002年，我国启动了第四次民法典的编纂工作。2001年，九届人大常委会组织起草了《中华人民共和国民法（草案）》；2002年，在立法机关和法学界的配合下，九届全国人大常委会第31次会议对《中华人民共和国民法典（草案）》进行了第一次审议。但因条件所限，最终并未继续推进民法典的整体编纂工作。我国又继续采取分别制定单行法的办法推进我国民事法律制度建设。此后一直到2010年，我国虽然没有颁布统一的民法典，但民法典通常具备的实质性内容都有了相应的单行法律法规。

2015年，全国人大常委会法制工作委员会启动民法典编纂工作，第五次民法典编纂工作拉开大幕。

2016年，《中华人民共和国民法总则（草案）》提请全国人大常委会初次审议，标志着民法典编纂工作正式进入立法程序。2017年，十二届全国人大第五次会议通过了《中华人民共和国民法总则》，并于2017年10月1日起正式施行。2018年，民法典各分编草案首次提请十三届全国人大常委会第五次会议审议。2019年12月28日，十三届全国人大常委会第十五次会议表决通过了十三届全国人大常委会关于提请审议《中华人民共和国民法典（草案）》的议案。

此后，民法典草案在全国人大常委会官网上公布，并公开向社会征求意见。2020年5月，民法典草案提请十三届全国人民代表大会审议。最终，在2020年5月28日，十三届全国人民代表大会第三次会议的闭幕会上，高票表决通过了《中华人民共和国民法典》。

律师说

　　《中华人民共和国民法典》的诞生，是几代人共同探索努力的结果，也是新中国法律法治体系不断完善的标志，更是中华人民共和国不断发展壮大的真实写照。

二　《民法典》的基本内容

导读站

《中华人民共和国民法典》共7编、1260条，各编依次为总则、物权、合同、人格权、婚姻家庭、继承、侵权责任，以及附则。

民法小讲堂

《中华人民共和国民法典》（下称"《民法典》"）于2021年1月1日起正式施行。《民法典》实施后，婚姻法、继承法、民法通则、收养法、担保法、合同法、物权法、侵权责任法、民法总则将同时废止。民法典被称为"社会生活的百科全书"，基本囊括了人民生活各方面的内容。

"总则编"规定了民事活动必须要遵循的基本原则和一般规定。其与废止的民法总则的结构和内容有很多相同之处，但是一些条款的文字内容有所不同。

这一编共有11章、206条，主要包括基本规定、自然人、法人、非法人组织、民事权利、民事法律行为、代理、民事责任、诉讼时效、期间计算等内容。

其中，《民法典》第十三条规定："自然人从出生时起到死亡时止，具有民事权利能力，依法享有民事权利，承担民事义务。"我们每个人从出生开始，便具有充当民事法律关系主体的能力和资格，拥有各种各样的民事权利，相应的要承担必要的民事义务。

　　物权编是在物权法基础上，按照完善产权保护制度、健全现代产权制度的要求，结合现实需要，对物权法律制度的完善。

　　物权编共有5个分编、20章、258条，主要包括通则、所有权、用益物权、担保物权、占有等内容。

　　其中，《民法典》第二百零五条规定："本编调整因物的归属和利用产生的民事关系。"这就是说，当我们因"物的归属和利用"与他人产生民事关系时，可以依据相关规定去解决问题。

　　合同编是在合同法基础上，贯彻全面深化改革精神，对合同制度的完善。合同编共有3个分编、29章、526条，主要包括通则、典型合同、准合同等内容。

　　其中，《民法典》第四百六十四条规定："合同是民事主体之间设立、变更、终止民事法律关系的协议。"这是对合同的定义，在日常生活

中，我们在买卖物品、租赁房屋过程中订立的各种合同都适用于此规定。

人格权编主要从民事法律规范的角度规定民事主体人格权的内容、边界和保护方式，不涉及公民政治、社会等方面的权利。人格权编规定了人格权利的一般规则，并对肖像权的客体、内容等进行了明确。

这一编共有6章、51条，主要包括一般规定，生命权、身体权和健康权，姓名权和名称权，肖像权，名誉权和荣誉权，隐私权和个人信息保护等内容。

其中，《民法典》第九百九十条规定："人格权是民事主体享有的生命权、身体权、健康权、姓名权、名称权、肖像权、名誉权、荣誉权、隐私权等权利。"在日常生活中，如果我们的人格权遭到侵害，比如某照相馆私自用我们的照片招揽生意，我们就可以依据相关规定来维护自己的合法权益。

婚姻家庭编主要以婚姻法、收养法为基础，结合社会发展的需要，对婚姻家庭制度进行了修改和完善，同时还增加了一些新的规定。这一编共有5章、79条，主要包括一般规定、结婚、家庭关系、离婚、收养等内容。

继承编是在继承法的基础上，对继承制度进行了修改和完善，共有4章、45条，主要包括一般规定、法定继承、遗嘱继承和遗赠、遗产的处理等内容。

侵权责任编是在法律实践基础上，针对侵权领域新出现的问题，吸收和借鉴司法解释的相关规定，对侵权责任制度作出的必要补充和完善。这一编共有10章、95条，主要包括一般规定、损害赔偿、责任主体的特殊规定、产品责任、机动车交通事故责任、医疗损害责任、环境污染和生态破坏责任、高度危险责任、饲养动物损害责任、建筑物和物件损害责任等内容。

　　附则编主要明确了民法典与婚姻法、继承法、收养法、担保法、物权法、合同法、侵权责任法和民法总则的关系，并规定在民法典施行后，这些民事单行法律将被同时废止。

律师说

　　《民法典》涉及人们生活的方方面面，学习掌握民法典有助于我们更好地处理日常生活中的各种民事关系，更好地保护自身的合法权益。

三 《民法典》颁布有何意义

导读站

民法典在中国特色社会主义法律体系中具有重要地位，是一部固根本、稳预期、利长远的基础性法律，对推进全面依法治国、加快建设社会主义法治国家，对发展社会主义市场经济、巩固社会主义基本经济制度，对坚持以人民为中心的发展思想、依法维护人民权益、推动我国人权事业发展，对推进国家治理体系和治理能力现代化，都具有重大意义。

——2020年5月29日习近平总书记在十九届中央政治局第十二次集体学习时的讲话

民法小讲堂

《民法典》是中华人民共和国成立以来第一部以"法典"命名的法律，也是新时代我国社会主义法治建设的重大成果。

民法与每个人的生活息息相关，它所面对的问题就是人们在日常生活中经常会遇到的问题。在《民法典》颁布之前，通过制定各种民事单行法律，我国已经基本建立了完备的民事法律制度。但随着社会经济的不断发展、生活方式的不断变化、社会关系的不断调整，相应的民法内容也必须与时俱进。

《民法典》虽然以各个民事单行法律为基础，但是并不是对这些法律的简单汇编。原有的、仍适用的法律条文予以保留，对已经不适用的法律条文进行修改完善，针对社会经济生活中出现的新问题、新情况作出了新规定。最终经过系统汇编后，才形成了这部《民法典》。

《民法典》是一部以人民为中心的法典，聚焦了经济社会的热点难点问题，加强了对公民人身权、财产权、人格权的保护，彰显了以人为本、立法为民的理念。颁布并施行《民法典》，可以更好地维护人民权益，维护社会公平正义，促进社会与个人共同发展。

经常接到骚扰电话怎么办？被别人偷拍敲诈怎么办？使用他人声音算不算侵权……这些现代生活中常见的问题，都可以在民法典中找到答案。从这一角度来看，这部《民法典》也是新时代的"生活指南"。

《民法典》确立了平等、自愿、公平、诚实信用、公序良俗、绿色等基本原则，将中华传统的文化道德理念，与实践多年的中国优秀法律文化相结合，使社会主义核心价值观更加深入人心。

习近平总书记在十九届中央政治局第十二次集体学习时指出：这部《民法典》系统整合了新中国成立七十多年来长期实践形成的民事法律规范，汲取了中华民族五千多年优秀法律文化，借鉴了人类法治文明建设有益成果，是一部体现我国社会主义性质、符合人民利益和愿望、顺应时代发展要求的民法典，是一部体现对生命健康、财产安全、交易便利、生活幸福、人格尊严等各方面权利平等保护的民法典，是一部具有鲜明中国特色、实践特色、时代特色的民法典。

律师说

《民法典》的颁布实施是我国法治建设领域的一件大事，这不仅需要国家有关部门的努力，更需要每位公民积极参与，只要大家共同努力，这部反映人民意愿的法典就一定能发挥最大作用。

四　《民法典》"新"在哪里

导读站

"法与时转则治。"随着经济社会不断发展，经济社会生活中各种利益关系不断变化，民法典在实施过程中必然会遇到一些新情况新问题。这次新冠肺炎疫情防控的实践表明，新技术、新产业、新业态和人们新的工作方式、交往方式、生活方式不断涌现，也给民事立法提出了新课题。要坚持问题导向，适应技术发展进步新需要，在新的实践基础上推动民法典不断完善和发展。

——2020年5月29日习近平总书记在十九届中央政治局第十二次集体学习时的讲话

民法小讲堂

《民法典》通过科学合理、富有逻辑性的体系，来整合各个民事单行法律，既有传承，又有创新。全部1260个条文中，有近600个条文是新增、修改和完善的，也就是说这部法典有近一半以上的条文是经过调整创新的。

《民法典》相较于各个民事单行法律有很多"新"的方面，那么它"新"在哪里呢？

首先，《民法典》将人格权独立成编，不仅是一种立法创新，同时也是世界民事立法的首创之举。人格权是个人最基本、最重要的权利，其包括生命权、健康权、名誉权、隐私权、姓名权、肖像权等内容。在互联网时代之前，人们普遍缺少保护人格权的意识，但随着互联网时代的到来，人们逐渐认识到人格权保护的重要性。基于这一背景，从"立法为民"的角度出发，结合一系列法律实践，此次民法典将人格权独立成编，以法律形式确立了人格权保护。

其次，"绿色原则"把环境资源保护理念上升为民法基本原则，也是这部《民法典》的一项创新。

《民法典》第九条规定："民事主体从事民事活动，应当有利于节约资源、保护生态环境。"这一条原本是《宪法》关于环境保护的要求，同时也是党中央关于建设生态文明、实现可持续发展理念的要求，将其引入到民事法律关系之中，有利于生态环境的保护，也有利于人与自然和谐发展。

当人们从事各种活动时，不仅要考虑这项活动可能会引发的直接后果，同时也要考虑它可能对生态环境造成的不良影响。如果忽视了这一点，其行为就很可能会违反《民法典》的相关规定。

最后，《民法典》的内容涉及"新"的内容。一个人从出生那一刻起，便与民法产生了不可分割的关联。《民法典》第十六条规定："涉及遗产继承、接受赠予等胎儿利益保护的，胎儿视为具有民事权利能力。但是，胎儿娩出时为死体的，其民事权利能力自始不存在。"

《民法典》之前，一个自然人的民事权利能力从出生时才拥有。《民法典》在民事权利能力方面有了新内容。根据这一条文的规定，当涉及遗产继承、接受赠予等情况，胎儿被视为具有民事权利能力，具有继承遗产的资格和权利。

《民法典》的"新"并不只局限在这几方面，其涉及生活的方方面面，它还会随着中国社会经济的不断发展，在新的实践基础上得到进一步完善和发展。

律师说

　　《民法典》需要与时俱进，我们的法律意识更要与时俱进。学好《民法典》并不是要能背诵其内容，而是应该用这些内容来更好地保障自己的合法权益。

五 《民法典》是未成年人的"保护伞"

导读站

民法典要实施好，就必须让民法典走到群众身边、走进群众心里。要广泛开展民法典普法工作，将其作为"十四五"时期普法工作的重点来抓，引导群众认识到民法典既是保护自身权益的法典，也是全体社会成员都必须遵循的规范，养成自觉守法的意识，形成遇事找法的习惯，培养解决问题靠法的意识和能力。要把民法典纳入国民教育体系，加强对青少年民法典教育。

——2020年5月29日习近平总书记在十九届中央政治局第十二次集体学习时的讲话

民法小讲堂

未成年人的健康成长不仅关乎着每个家庭的欢乐幸福，而且也关乎着整个社会的和谐稳定。党和国家始终高度重视未成年人保护问题，严厉打击侵害未成年人合法权益的行为。在《民法典》中，就有很多与未成年人相关的法律条文。

每个年龄阶段的未成年人，都可以在这部《民法典》中找到适用于自己的相关法律条款：胎儿、0岁、2周岁、8周岁、14周岁、16周岁，每个年龄阶段的未成年人，都有相应的民事权利和义务。

比如，胎儿在遇到遗产继承时，会被视为具有民事权利能力，而不

必等到出生之时。8周岁以上的未成年人心智发育还不成熟，在实施民事法律行为时，一般由其法定代理人代理，或要经过法定代理人的同意和追认。

这些法律条款是对未成年人的权益的一种保护，当未成年人从事与自己年龄、智力不相适应的民事法律行为，并造成一些不良后果时，相关的条款，可以降低不良后果对未成年人的影响。

中小学生学习《民法典》，可以加强对自己民事行为能力的认知，让中小学生更了解自己的民事权利与义务。一旦自己的合法权益受到侵害，便可以用法律武器来维护自己的合法权益。

《民法典》中有关"人格权"的各项规定，有助于未成年人形成独立判断的人格意识，这是未成年人人格教育的重要内容。

中小学生正处于独立人格形成的重要阶段，通过学习《民法典》，可以更为全面地了解自己的各项人身权利，培养独立自主的人格意识，这对于形成独立健全的人格具有重要的意义。

未成年人是国家的希望，民族的未来。习近平总书记多次对未成年人保护问题作出重要指示："全社会都要了解少年儿童、尊重少年儿童、关心少年儿童、服务少年儿童，为少年儿童提供良好的社会环境。""对损害少年儿童权益、破坏少年儿童身心健康的言行，要坚决防止和依法打击。"

《民法典》中关于未成年人权益保护的条款，对于保护未成年人合法权益，构建和完善未成年人保护法律体系具有重要意义。

律师说

对于未成年人来说，《民法典》既是"保护伞"，又是"紧箍咒"，既要用它来保护自己的合法权益，也要用它来约束自己的不合理行为。

第二章

《民法典》与未成年人

- 八岁的我是个 "小大人"
- 我还不能乱花钱
- 校园欺凌是违法行为
- 父母不在，谁来照顾我
- 不要乱用我的个人信息
- 说别人 "坏话" 是要受处罚的

一 八岁的我是个"小大人"

导读站

妈妈的生日马上就要到了，八岁的吉吉和爸爸商量，打算用自己积攒的零花钱为妈妈买一份生日礼物。但在买什么生日礼物上，吉吉却和爸爸产生了分歧。

吉吉打算拿出所有零花钱，给妈妈买一部新手机，爸爸却认为手机太贵重，小孩子不要这样做，他建议吉吉给妈妈买一束鲜花。两个人经过一番争执、协商后，吉吉放弃了买手机的想法，爸爸也放弃了买鲜花的想法，两人一同到商店为妈妈买了一个需要手工组装的精美摆件。

在爸爸的指导下，吉吉亲手完成了手工摆件的制作，在妈妈生日当天，给了妈妈一个大大的惊喜。

民法小讲堂

在这个故事中，吉吉想要给妈妈买手机作为生日礼物的想法是好的，但从法律层面讲，他不能自作主张，购买贵重物品要得到父母的同意。

《民法典》第十九条规定："八周岁以上的未成年人为限制民事行为能力人，实施民事法律行为由其法定代理人代理或者经其法定代理人同意、追认；但是，可以独立实施纯获利益的民事法律行为或者与其年龄、智力相适应的民事法律行为。"

根据这一条款的规定，八周岁以上的未成年人属于限制民事行为能力人，八岁的吉吉，也属于限制民事行为能力人。那什么是限制民事行为能力人呢？

限制民事行为能力人是针对"民事行为能力"这一概念而言的，《民法典》根据自然人辨识能力的不同，将自然人的民事行为能力分为完全民事行为能力、限制民事行为能力和无民事行为能力三种，其中，限制民事行为能力的自然人便是限制行为能力人。

《民法典》以"八周岁"为界限，区分无民事行为能力人和限制民事行为能力人。其中，限制民事行为能力人只能独立进行与其辨识能力相适应的民事活动，想要实施其他民事法律行为，只能由其法定代理人代理或者经其法定代理人同意、追认才行。

吉吉想要给妈妈买手机做礼物，这显然超出了她的辨识能力范畴。虽然她攒够了买手机的钱，但她依然不能独自一个人去买手机。在和爸爸商量之后，吉吉选择为妈妈买一个手工摆件，这件礼物在吉吉辨识能力范畴内，就像给自己买学习用品一样。

如果吉吉执意要给妈妈买手机作为生日礼物，又该怎么办呢？根据《民法典》第十九条的规定，吉吉需要让她的法定代理人代理、同意、追认买手机这件事。

因为不能让妈妈知道这件事，吉吉只能让爸爸代替自己给妈妈买手机，或者让爸爸事先同意自己为妈妈买手机这件事才行。吉吉先行购买手机，在事后让爸爸追认这种行为也是可以的，但这种"先斩后奏"的行为很可能遭到反对，导致要退货退款，所以并不建议这样做。

年满8周岁的未成年人虽然只是限制民事行为能力人，但也并不是所有事情都要爸爸妈妈同意才能做的。对于一些纯获利益的民事法律行为，限制民事行为能力人便可以独立实施。比如，外公外婆无偿赠予玩具、糖果、金钱，未成年人便可以独自接受。但一定要注意，不要轻易接受陌生人赠送的任何物品，若要与陌生人打交道，一定要在爸爸妈妈或其他亲属的陪同下进行。

律师说

年满八周岁的我们已经是个"小大人"了，可以在法律允许的范围内独立实施一些民事法律行为，但这些行为必须是纯获利益或与我们年龄、智力相适应的才可以。

二 我还不能乱花钱

导读站

六岁的小强聪明伶俐，很喜欢接触新鲜事物。他偶然看到爸爸用智能手机观看网络直播，便一下子产生了兴趣，跟爸爸一起观看。

一次，小强要用手机观看网络课，爸爸将手机交给他，没想到小强竟然用爸爸的手机看直播，并在网络平台上为主播打赏了三万多元。

爸爸知道此事后，迅速联系到该网络平台，要求对方退还小强打赏的三万多元钱，但却遭到平台拒绝。无奈之下，小强爸爸只得向法院提起诉讼，要求平台返还财产。

民法小讲堂

小小年纪在不经父母允许的情况下，私自动用家里的钱，是一种十分错误的行为。不论钱款能否退还，小强的行为都要受到批评的。小强的行为暂且不论，这个事例中，小强爸爸能否通过向法院起诉的方式，要回小强打赏主播的钱款呢？答案是可以的。

《民法典》第二十条规定："不满八周岁的未成年人为无民事行为能力人，由其法定代理人代理实施民事法律行为。"

八周岁以下的未成年人，在生理和心理方面都还不成熟，不能清楚地辨识自己的行为，也没有能力预见自身行为所能造成的后果。为了避免他们的权益受到侵害，法律上将八周岁以下的未成年人视为无民事行为能力人。

　　根据上面这一条文的规定，八周岁以下的未成年人并不具备独立从事民事法律行为的资格。六岁的小强显然就属于无民事行为能力人，所以他独自打赏主播的行为在法律上是无效的。因此，小强爸爸可以通过诉讼要求平台返还财产。

　　如果小强已满八周岁，小强爸爸是否还能要求平台返还财产呢？答案也是可以的。因为八周岁以上的未成年人为限制民事行为能力人，他们在实施民事法律行为时，需要由代理人代理，或经代理人同意、追认。所以即使小强已经年满八周岁，他在网络平台上打赏主播时，未经监护人同意，监护人可以要求平台返还打赏金额。

但在要求返还打赏金额时小强爸爸要证明这三万多元钱是小强打赏给主播的，而不是自己打赏的。他还要证明这笔钱是小强在未经家人同意的情况下，私自打赏给主播的，做到这些就可以要回打赏的三万多元。

此外，《民法典》第十八条第二款规定："十六周岁以上的未成年人，以自己的劳动收入为主要生活来源的，视为完全民事行为能力人。"

这就是说，如果一个人已经年满十六周岁，并且已经自己打工赚钱，那他便可以独立实施民事法律行为，并独立对民事法律行为的后果负责。那么，他打赏主播的行为便是一种正常的民事法律行为，即便他后悔自己的打赏行为，也要自己承担打赏钱款无法要回的后果。

律师说

　　对于还不具备完全民事行为能力的未成年人来说，做出判断、开展行动之前，最好与父母家人沟通，以免引发一些不必要的后果，损害自己的人身及财产安全。

三 校园欺凌是违法行为

导读站

在一次考试中，小王要求身边的小张与自己交换试卷，遭到小张拒绝，小王扬言要找人"收拾"小张。

一天傍晚，小张独自一人走在路上，被小王带着几个高年级学生拦住去路。小王先是踢了小张几脚，而后又要求小张下跪向自己道歉。小张看到其他几个人拿着水果刀，只得向小王下跪道歉。

事后，小张没有将这件事告诉任何人，但小王等人却将这件事传遍了整个年级。

民法小讲堂

这个故事中，小王等人的行为是违法的，小张在被欺负后，没有将这件事告诉老师和家长，也是一种错误的做法。

《民法典》第九百九十条规定："人格权是民事主体享有的生命权、身体权、健康权、姓名权、名称权、肖像权、名誉权、荣誉权、隐私权等权利。除前款规定的人格权外，自然人享有基于人身自由、人格尊严产生的其他人格权益。"

《民法典》第九百九十一条规定："民事主体的人格权受法律保护，任何组织或者个人不得侵害。"

在上面的故事中，小王等人威逼小张下跪道歉，并将这件事传遍整个年级，侵犯了小张的人格尊严、生命健康权。小张不应该将这件事藏在心里，而是应该用"法律武器"维护自己的人格权益。

《民法典》第九百九十五条规定："人格权受到侵害的，受害人有权依照本法和其他法律的规定请求行为人承担民事责任。受害人的停止侵害、排除妨碍、消除危险、消除影响、恢复名誉、赔礼道歉请求权，不适用诉讼时效的规定。"

小张的人格权遭到侵害后，可根据《民法典》第九百九十五条的规定要求小王等人承担民事责任，他可以有几种不同的选择：

小张可以将这件事情告诉给老师，或是学校的领导，让老师帮助自己维权。如果在老师的调解下，小王等人只是赔礼道歉，却没有停止侵害小张人格权的行为，小张便需要继续寻求其他解决方法。

小张也可以将这件事告诉父母或其他亲属，让家人帮助自己维权。大多时候，"找家长""找老师"这两种举措应该同时进行，直到小王等人愿意赔礼道歉、停止侵害、消除影响为止。

如果"找家长""找老师"这两种举措都应用了，却依然没办法让小王等人停止侵害自己人格权的行为，小张就要果断选择向公安局、向法院求助。通过报警和法律途径，让小王等人停止侵害行为。

在《民法典》第九百九十五条中，停止侵害、排除妨碍、消除危险等人格请求权在使用时，既不需要考虑是否有损害（只要构成对人格权侵害或存在侵害人格权的危险即可），也不需要考虑侵权人是否有过错，即使没有过错，只要构成对人格权的侵害、妨碍，或存在侵害人格权的危险时，权利人也可以行使这些人格请求权。如，小王扬言要找人收拾小张时，小张便可以行使自己的人格请求权，向老师、家长或公安机关寻求帮助，要求小王排除妨碍、消除危险。

所以说，人格请求权不仅具有要求侵害人恢复权利人人格权圆满状态的功能，还具有预防和制止侵害人格权行为发生的功能。在日常生活中，中小学生一定要运用好这项权利，来保护自己的人格权。

律师说

人格权是绝对权，在未经权利人同意又无法确定阻却事由时，任何人都不得侵害、妨碍他人的人格权。

四 父母不在，谁来照顾我

导读站

　　小琴的爸爸妈妈都在医院工作，新冠肺炎疫情期间，两人同时接到驰援疫情高风险地区的任务。如此一来，家里只剩下小琴一个人，这让小琴的爸爸妈妈犯了难。

　　很快，居委会王大妈带着几个志愿者来到小琴家，提出可以帮助照顾小琴。解除了后顾之忧，小琴的爸爸妈妈这才放下心来。

民法小讲堂

新冠肺炎疫情突然爆发，不仅打乱了人们的生活，也给民事立法提出了新的要求。2020年年初的新冠疫情期间，正值民法典草案编纂审议阶段，针对疫情防控中出现的一些新问题，《民法典》增加了一些新的规定。

此次疫情期间，疑似感染病例及其密切接触者需要进行隔离观察，许多医生护士24小时奋战在救护一线。这样就导致一些无民事行为能力或限制民事行为能力人处于无人监护的状态，他们的正常生活也受到了不少影响。

针对这种情况，《民法典》第三十四条第四款规定："因发生突发事件等紧急情况，监护人暂时无法履行监护职责，被监护人的生活处于无人照料状态的，被监护人住所地的居民委员会、村民委员会或者民政部门应当为被监护人安排必要的临时生活照料措施。"

正如上面故事中所描述的一样，当发生一些突发事件等紧急情况时，监护人没办法继续履行自己的监护职责，无民事行为能力或限制民事行为能力的被监护人将会处于无人照料的状态下，这种状态持续时间过长，会严重威胁被监护人的生命安全。为了防止这种情况的发生，《民法典》规定被监护人所在地的居民委员会、村民委员会或民政部门应提供必要的临时生活照料。临时监护制度的出台，体现了《民法典》以人为本的基本理念。

除了紧急情况下的临时监护制度，《民法典》还规定了一些其他情况下，对未成年人的临时监护制度。

《民法典》第三十一条第一款规定："对监护人的确定有争议的，由

被监护人住所地的居民委员会、村民委员会或者民政部门指定监护人，有关当事人对指定不服的，可以向人民法院申请指定监护人；有关当事人也可以直接向人民法院申请指定监护人。"

《民法典》第三十一条第三款规定："依据本条第一款规定指定监护人前，被监护人的人身权利、财产权利以及其他合法权益处于无人保护状态的，由被监护人住所地的居民委员会、村民委员会、法律规定的有关组织或者民政部门担任临时监护人。"

这两项条款的规定，确保了被监护人在确定指定监护人之前的监护问题，可以有效避免在监护人确定争议期间被监护人无人照料的情况。也是一种从人本角度出发的法律考量。

律师说

"以人为本"是《民法典》的立法初衷，只有为民服务、为民造福的法律，才能得到人民的拥护；只有在这样的法律庇护下，人民才能过上幸福无忧的生活。

五 不要乱用我的个人信息

导读站

　　小刚和小宇经常用平板电脑联机打游戏。一次，小刚在网络上认识了一个"新朋友"，这个"新朋友"在与小刚聊天过程中，总是询问小刚的各种信息，像是电话号码、QQ号码、身份证号、家庭住址等内容。小刚想都没想就把这些信息告诉给了对方。

　　小宇得知小刚将自己的信息告诉给陌生人后，立即联系小刚的父母。小刚父母经过一番"调查"后发现，小刚的这位"新朋友"竟然是专门倒卖他人信息的不法分子。

民法小讲堂

当有陌生人向我们打探个人信息时，我们一定要保持警惕，不能将自己的个人信息泄露给他人。

我们的个人信息究竟都包括哪些内容？怎样的行为才算侵犯个人信息呢？

《民法典》专门用了一章的内容明确隐私权和个人信息保护，为未成年人个人信息保护提供了法律依据。

《民法典》第一千零三十四条第二款规定："个人信息是以电子或者其他方式记录的能够单独或者与其他信息结合识别特定自然人的各种信息，包括自然人的姓名、出生日期、身份证件号码、生物识别信息、住址、电话号码、电子邮箱、健康信息、行踪信息等。"

该条款明确了个人信息的具体内容。上面故事中不法分子向小刚询问的各种信息，都属于小刚的个人信息，这些信息是受到法律保护的。

除了明确个人信息的具体内容之外，《民法典》还明确规定，对未成年人个人信息的处理，必须要征得其本人或其监护人同意。在处理未成年人个人信息时，应当遵循合法、正当、必要的原则，过度处理、超出界限的行为都是违法行为。

《民法典》第一千零三十五条第二款规定："个人信息的处理包括个人信息的收集、存储、使用、加工、传输、提供、公开等。"所以，不要轻易向陌生人透露自己的个人信息，是因为这些人可能会违法处理我们的信息。这里所说的"违法处理"指的就是违法收集、违法存储、违法使用等行为。

如果熟悉的人询问我们的个人信息，我们是不是就可以直接告诉给他呢？比如，老师向我们索要个人信息时，我们是不是需要征求一下爸爸妈妈的同意？

熟悉的人询问我们的个人信息时，我们需要了解对方要这些信息做什么，在确定对方的行为不会侵害到我们的权益时，便可以将信息告知对方。比如，老师应学校要求统计我们的家庭情况，这是一种正当的信息处理要求，我们应当将个人信息告知给老师。当然，在告知信息前，征求一下爸爸妈妈的意见是很有必要的。

个人信息中会有一些私密信息，它涉及隐私权保护。所以，好好学习《民法典》中的相关知识，我们才能更好地保护自己的个人信息和隐私权。

律师说

未成年人由于生理和心理上的不成熟，对个人信息泄露风险的认知能力较低，常常会无意间就泄露了自己的个人信息。《民法典》的颁布实施进一步完善了未成年人个人信息保护的法律体系，为未成年人个人信息保护提供了更为全面的保障。

六 说别人"坏话"也是违法

导读站

小花是班里成绩最好的学生，连续几次考试都拿到了第一名。小敏的成绩也很好，可是连续几次考试都只拿到了第二名。

一天，小敏新买的铅笔不翼而飞，经过一番寻找，在小花的课本中发现了自己的铅笔。小花解释她也不知道铅笔怎么跑到自己课本中的，但小敏依然将小花拽到了老师的办公室。

老师了解具体情况后，并没有责备小花，而是提醒小敏应先仔细了解情况。回到教室后，小敏和几个同学四处散布"小花偷别人东西，老师还偏袒小花"的消息，很多同学因此疏远了小花。

民法小讲堂

在没查清楚事实真相的情况下，小敏等人便散布"小花偷别人东西，老师还偏袒小花"的消息，显然是不对的。这种诽谤行为为小花带来伤害的同时，也让小敏等人触犯法律。

《民法典》第一千零二十四条第一款规定："民事主体享有名誉权。任何组织或者个人不得以侮辱、诽谤等方式侵害他人的名誉权。"

这里的"名誉权"指的是自然人、法人、非法人组织就其自身属性和价值所获得的社会评价，属于人格权的一种。这里面的"名誉"主要是对民事主体的品德、声望、才能、信用等的社会评价。

"名誉"可以分为主观名誉和客观名誉。

主观名誉指的是主体对自己品德、声望、才能、信用等的自我评价和感受，比如某个人认为自己是世界上最美丽的人，这是一种自我评价，如果其他人说她并不是最美丽的，这并不侵害她的名誉权。

《民法典》中保护的名誉权，其实是民事主体的客观名誉。指的是独立于权利主体之外的"对民事主体的品德、声望、才能、信用等的社会评价"。

在上面的故事中，小敏等人散播"小花偷别人东西"这种未经证实的消息，破坏了小花的"品德的社会评价"，侵犯了小花的名誉权。这违反了《民法典》的相关规定，要承担相应的法律责任。

根据《民法典》的规定，小花可以提请人民法院责令小敏等人停止

侵害、恢复名誉、消除影响、赔礼道歉、赔偿损失。其中，"恢复名誉、消除影响、赔礼道歉"可以通过书面或口头形式进行，而"恢复名誉、消除影响"的范围，还需要看小敏等人的侵权行为对小花造成了多大的负面影响。

如果因为小敏等人的诽谤行为，对小花的精神造成了较大影响，小花还可以通过法律途径提出精神损害赔偿。具体如何赔偿、赔偿多少，需要看小敏等人的过错程度，以及小花所受到的精神伤害程度再行确定。

《民法典》对于保护公民的名誉权是非常重视的，对于侵害他人名誉权的处罚也相对严格。因此，中小学生在日常生活中，不要讲别人"坏话"，不要侮辱、诽谤他人的名誉，否则就会触犯法律。

律师说

公民享有名誉权，公民的人格尊严受到法律保护，任何人都不可以用侮辱、诽谤等方式损害公民的名誉。未成年人名誉权、人格尊严受到侵害时，要勇于用法律武器维护自身合法权益。

第三章

《民法典》与权利保障

- 《民法典》保障私人生活安宁
- 我的发明有保障
- 我的姓氏有了更多选择
- 游戏装备被盗怎么办
- 遭到性骚扰不要怕
- 我的声音也受法律保护

一 《民法典》保障私人生活安宁

导读站

活泼调皮的小昭很快就要升入一年级了，妈妈为了让小昭的安全更有保障，打算给他买一份保险。这本是一件好事，但却成了小昭妈妈的"糟心事"。

原来，小昭妈妈先在一家保险机构进行了咨询，完善了个人信息。经过深入了解后，小昭妈妈觉得这家机构的保险并不太合适，想再看一看别家公司的保险产品。此后几天，小昭妈妈不断接到这家保险机构的电话，无论白天黑夜，电话、短信就没有断过，这让小昭妈妈头疼不已。

小昭妈妈虽然在电话中多次拒绝，但对方似乎并不想放弃，依然不知疲倦地向她推销产品。无奈之下，小昭妈妈只得更换手机号，求得安宁。

民法小讲堂

随着互联网技术的发展，我们的生活变得越来越透明，私人生活也常因个人信息泄露而受到影响。在互联网时代，隐私权保护已经成为人们普遍关心的问题。基于此，《民法典》对隐私做出了明确界定，对隐私权保护做出规定。

《民法典》第一千零三十二条规定："自然人享有隐私权。任何组织或者个人不得以刺探、侵扰、泄露、公开等方式侵害他人的隐私权。隐私是自然人的私人生活安宁和不愿为他人知晓的私密空间、私密活动、私密信息。"

隐私权是人格权的一种，是我们享受私人生活安宁的权利，是我们对那些不愿他人知晓的私密空间、私密活动和私密信息的自主支配和控制权，是任何组织和个人都不能刺探、侵扰、泄露、公开的具体人格权。

在上面的故事中，保险机构的推销显然侵扰了小昭妈妈"享受私人生活安宁"的权利。面对这种情况，小昭妈妈可以选择更换手机号码，也可以依据《民法典》的相关规定，起诉该保险机构，要求其终止侵害行为，并赔偿相应损失。

在《民法典》出台之前，人们对侵犯隐私权的认知更多局限在"泄露他人私密空间、私密活动和私密信息"上。《民法典》颁布后，"私人生活安宁"作为隐私权的一部分得以明确，这为惩治那些"扰民"行为提供了重要的法律依据。

接连不断的骚扰电话、短信，强制弹出的窗口广告，装修产生的烟尘、噪声……这些行为都会破坏我们的"私人生活安宁"，都是侵犯公民隐私权的行为。

例如，在夜深人静时，我们正准备进入梦乡，但楼上却响起了刺耳嘈杂的音乐声。本以为几分钟就会停止的音乐，却始终不见停止的迹象，这时候，我们便可以依据《民法典》的相关规定，要求对方停止侵扰。如果对方拒绝停止侵扰行为，我们可以留好证据，以备向法院进行起诉。

《民法典》除了对隐私权的定义及保护做出规定，还对侵害隐私权的方式进行了规定。

《民法典》第一千零三十三条规定："除法律另有规定或者权利人明确同意外，任何组织或者个人不得实施下列行为：（一）以电话、短信、即时通信工具、电子邮件、传单等方式侵扰他人的私人生活安宁；（二）进入、拍摄、窥视他人的住宅、宾馆房间等私密空间；（三）拍摄、窥视、窃听、公开他人的私密活动；（四）拍摄、窥视他人身体的私密部位；（五）处理他人的私密信息；（六）以其他方式侵害他人的隐私权。"

这些条款从多方面明确了侵犯隐私权的方式，了解和掌握这些内容对于保护个人隐私权是非常有帮助的。

律师说

在现实生活中，个人信息的不当扩散和不当利用已经成为危害公民民事权利的一个社会性问题。《民法典》中有关隐私权的规定，有利于公民更好地保护自己的隐私权。

二 我的发明有保障

导读站

小新是个聪明的孩子，他经常自己动手制作一些小玩具，其中大多是他自己钻研发明的。小新爸爸很支持小新开展各种"稀奇古怪"的发明研究，不仅为他提供资金和材料，还帮小新申请了许多发明专利。

拥有发明专利的小新，一下子成了一名"小小发明家"，得到了许多同学的称赞与追捧。

民法小讲堂

创新发明是推动社会进步的重要力量，小到个人生活，大到国家发展，都需要创新发明提供动力。改革开放以来，我国先后出台多项政策鼓励各行业各领域开展创新发明。

除了政策层面的支持鼓励，在法律层面上，《民法典》针对知识产权的相关规定，也为创新发明提供了重要保障。

《民法典》第一百二十三条规定："民事主体依法享有知识产权。知识产权是权利人依法就下列客体享有的专有的权利：（一）作品；（二）发明、实用新型、外观设计；（三）商标；（四）地理标志；（五）商业秘密；（六）集成电路布图设计；（七）植物新品种；（八）法律规定的其他客体。"

"知识产权"是国际上通用的一个法律概念，是人们对自己创造的事物依法享有的一种专有权利。这种专有权利，未经创新发明人同意或许可，任何人都不能享用或使用这项权利。

以小新的发明为例，当小新爸爸为小新的发明申请了专利后，其他人若想要使用这项发明，就必须经过小新同意。如果未经小新同意，擅自使用他的发明获利，这种行为便侵害了小新的知识产权。

《民法典》第一千一百八十五条规定："故意侵害他人知识产权，情节严重的，被侵权人有权请求相应的惩罚性赔偿。"如果对方故意侵害小新的知识产权，小新可以依法请求获得相应赔偿。

除了发明外，《民法典》第一百二十三条还规定了其他类型的知识产权。其中，作品也是中小学生经常会接触到的一种知识产权客体。

关于"作品"的定义，我国《著作权法》有明确说明，其主要是各种

形式创作的文学、艺术、自然科学、社会科学、工程技术等创作物，比如音乐、绘画、小说、照片、设计图等。

个人对作品享有的专有权利一般被称为著作权，这一权利又包括了作品的发表权、署名权、修改权、复制权、发行权、出租权、展览权、信息网络传播权、摄制权、翻译权、改编权等。

中小学生创作的散文、诗歌、小说、绘画等，都是受著作权保护的作品，其他人不能擅自使用谋取利益。如，中小学生创作的诗歌被其他人拿去参赛，这便是侵犯知识产权的行为，该学生可以通过法律途径来维护自己的合法权利。

律师说

《民法典》中有关知识产权的内容，有助于完善我国知识产权法律制度，对我国知识产权法律制度的发展影响深远，《民法典》中的相关规定有利于保障中小学生开展创新发明活动。

三 我的姓氏有了更多选择

导读站

甜甜升入一年级后，很快就适应了新的学习环境。在这里，她遇到了温柔可爱的新老师，也结交了一些"奇奇怪怪"的新朋友。为什么说是"奇奇怪怪"的新朋友呢？其实，并不是他们长得奇怪，而是名字比较奇怪。

比如，有一个小女生，爸爸姓王，她叫"王者荣耀"；有一个小男生，爸爸姓王，妈妈姓赵，奶奶和姥姥都姓钱，他叫"钱途无量"……

这些奇怪的名字让甜甜觉得很好笑，也让她感到些许疑惑，难道现在可以随便起名字吗？派出所登记姓名时不会审查吗？

民法小讲堂

无论什么时候，姓名都是不能乱起的，但在《民法典》实施后，起名字这件事确实要比以前更"随便"了。

《民法典》第一千零一十二条规定："自然人享有姓名权，有权依法决定、使用、变更或者许可他人使用自己的姓名，但是不得违背公序良俗。"上面故事中，小男生和小女生的姓名虽然有些奇怪，但却并没有违反公序良俗，所以是合理的。

起名字这件事，除了要合理外，还需要合法，如果父母给孩子起的名字不符合法律规范，再怎么合理也是无效的。

　　《民法典》第一千零一十五条规定："自然人应当随父姓或者母姓，但是有下列情形之一的，可以在父姓和母姓之外选取姓氏：（一）选取其他直系长辈血亲的姓氏；（二）因由法定扶养人以外的人扶养而选取扶养人姓氏；（三）有不违背公序良俗的其他正当理由。少数民族自然人的姓氏可以遵从本民族的文化传统和风俗习惯。"

　　子女随父姓或母姓是起名的一般原则，除此之外，孩子还可以随直系长辈的姓氏，也就是奶奶或姥姥的姓氏；如果孩子是由法定抚养人之外的人抚养，也可以随抚养人的姓氏。最后，只要不违背公序良俗，有其他正当理由，父母还可以为孩子选择其他姓氏。

　　故事中的小女生"王者荣耀"是跟随爸爸的姓氏，而小男生则是跟随奶奶和姥姥的姓氏，这都是符合规定的。

　　那父母可不可以根据自己的喜好为孩子起名字呢？比如"子衿悠心""北国倾城"……这类姓名显然不符合《民法典》第一千零一十五条规定的前两种情形，那么它符合第三种情形吗？答案是不符合第三种情形。因为公民选取姓氏时，要符合中华传统文化和伦理观念，仅凭个人喜好和愿望在父母姓氏之外选择其他姓氏或创制新的姓氏，显然有违公序良俗，所以这类姓名就不合规范。

📖 律师说

　　从法律角度上来讲，姓名不仅包括在公安机关正式登记的姓名，同时也包括其他类似于姓名的笔名、艺名、绰号、网名等非正式姓名。

四 游戏装备被盗怎么办

导读站

初中学生小佳是个游戏迷，为了能成为游戏中的强者，他投入了不少金钱和时间，这也让他的学习成绩直线下降。

一次，小佳登录游戏时被提示密码错误，经过一系列操作后，他才成功登录游戏，但他发现自己的游戏装备和金币都没有了。小佳知道自己是被盗号了，他马上联系游戏客服，要求恢复自己的装备和金币，却被对方以各种理由回绝。

第二天，小佳将这件倒霉事告诉了学法律的大哥，本以为大哥也无能为力，却没想到大哥只和游戏客服聊了一会儿，对方便答应帮小佳找回装备和金币。小佳问大哥用了什么方法，却被大哥告知："好好学习，你就能自己解决这事了！"

民法小讲堂

互联网中的虚拟物品，触不着、摸不到，一旦被盗，一般人根本不知道这些物品去了哪里。在日常生活中，不少人都有过游戏或账号中虚拟物品被盗的经历，自己找不回这些虚拟物品，寻找运营商帮助又经常被拒绝，最后只能自己承担这些损失。

关于虚拟财产是否受到法律保护，《民法典》也做出了明确规定。《民法典》第一百二十七条规定："法律对数据、网络虚拟财产的保护有

规定的，依照其规定。"

"网络虚拟财产"主要是指虚拟的网络本身以及存在于网络上的具有财产性的电磁记录。这是一种可以用现有的度量标准来度量其价值的数字化新型财产，具有不同于现有财产类型的特点。

小佳的游戏装备和金币便是网络虚拟财产，其价值可以通过一定的度量标准衡量，是受到法律保护的，因此他有权要求运营商帮助自己恢复装备和金币。如果运营商拒绝提供帮助，小佳可以通过法院起诉来维护自己的合法权益。

小佳的游戏装备和金币属于网络虚拟财产，那在未来几十年后，小佳去世时是否可以将这笔"财产"传承给他的孩子呢？

《民法典》第一千一百二十二条规定："遗产是自然人死亡时遗留

的个人合法财产。依照法律规定或者根据其性质不得继承的遗产，不得继承。"《民法典》将遗产范围定义为"自然人死亡时遗留的个人合法财产"，也就是说，只要是自然人通过合法手段取得的财产，都属于遗产，都可以被继承。网络账号中的虚拟财产只要是自然人通过合法手段取得的，就可以作为遗产，传承给后代。

律师说

随着互联网的发展，网络虚拟财产已经成为人们的一项重要财产，《民法典》对遗产范围的设定，有效保障了私有财产继承的需要。

五 遭到性骚扰不要怕

导读站

小左凭借优异的中考成绩，考上了县城最有名的高中。因为学校离家比较远，小左只能一周回一次家。住校生活对于从未出过远门的小左来说，并不那么美好。

小左寝室的其他几个女生并不怎么爱学习，她们很看不惯小左认真学习的样子，经常变着法子"戏弄"小左。她们有时候会用难听的话语辱骂小左，有时候会在小左桌上贴低俗的图片，有时候还故意撕扯小左的内衣、头发，有的时候还找其他班级的男生骚扰小左……

小左比较内向，她以为自己只要忍一忍，这些事情也就不会再发生，如果告诉老师或家长，她们可能会变本加厉地欺负自己。但小左的沉默并没有让对方停手，几个女生反而更加肆无忌惮了。

民法小讲堂

小左的遭遇是值得同情的，但小左的做法却是错误的，"沉默"并不能换来安宁，只会让对方更加肆无忌惮。中小学生在校园遭受性骚扰时，应该用法律维护自己的合法权益，而不能选择沉默的方法应对。

《民法典》第一千零一十条第一款规定："违背他人意愿，以言语、文字、图像、肢体行为等方式对他人实施性骚扰的，受害人有权依法请求行为人承担民事责任。"

从这一条款的规定可以看到，性骚扰可以分为言语、文字、图像、肢体行为等不同方式。在上面故事中，几个女生撕扯小左的内衣、让小左看低俗的图片、找男生骚扰小左，这些都是性骚扰行为。

从法律意义上来讲，性骚扰行为是行为人违背权利人的意志，实施性交之外的侵害权利人性自主权的行为。在认定性骚扰行为时，并不需要被骚扰人明确反对，只要此种行为违背了被骚扰人的意愿，即可认定为性骚扰。

在上面的故事中，小左虽然没有明确反对几个女生的行为，但从法律角度来讲，几个女生对小左的所作所为就是性骚扰。

小左在遭遇性骚扰后，应向老师和学校寻求帮助，同时也要将这些事情告知家长。如果在家长和老师的帮助下，依然无法解决这些问题，小左可以通过法律途径，使几个女生承担相应的民事责任。

需要注意的是，《民法典》中有关性骚扰的规定对男生和女生都同样具有效力，只要中小学生在日常生活中遭遇了性骚扰，就可以利用这一条款的规定来维护自己的合法权利。

律师说

　　《民法典》对性骚扰行为的认定是对人格权保护的有力体现，也展现了我国对公民人格尊严、生活幸福等权利的保护。

六 我的声音也受法律保护

导读站

小琪是校电台的一名小主持人，她因甜美而极具辨识度的声音而深受同学们的喜爱。一次，小琪在看电视时，发现某广告中的配音和自己的声音很相似。经过一番调查，原来是广告公司将小琪主持节目的声音进行了剪辑拼装后，插入到广告片中。

小琪得知事情原委后，十分气愤，打算向广告商讨个说法。准备好相应资料后，她和爸爸向人民法院提起诉讼。

民法小讲堂

因为被他人盗用了声音，小琪打算通过法律来维权，那么《民法典》中相关的法律条文可以支持她的诉讼吗？

《民法典》对声音的保护主要体现在第四编人格权中，但在具体的人格权中，《民法典》并没有确立"声音权"，而只是提到了对"自然人声音的保护"。《民法典》第一千零二十三条第二款规定："对自然人声音的保护，参照适用肖像权保护的有关规定。"

《民法典》第一千零一十九条第一款规定："任何组织或者个人不得以丑化、污损，或者利用信息技术手段伪造等方式侵害他人的肖像权。未经肖像权人同意，不得制作、使用、公开肖像权人的肖像，但是法律另有规定的除外。"

根据上述对公民肖像权保护的规定，可以推知未经权利人同意，以各种方式使用或公开权利人声音也是违法的。

在上面的故事中，在未经小琪本人同意的情况下，广告商将小琪的声音进行剪辑加工，用于广告片之中，属于"利用信息技术手段侵害他人声音权益"的行为。对此，小琪可以要求对方承担相应的民事责任。

除了《民法典》之外，还有一些其他法律条文也能保护我们的声音权益。比如，《中华人民共和国商标法》第八条规定："任何能够将自然人、法人或者其他组织的商品与他人的商品区别开的标志，包括文字、图形、字母、数字、三维标志、颜色组合和声音等，以及上述要素的组合，均可以作为商标申请注册。"

这就是说，我们可以将自己独特的声音注册为商标，这样别人若以我们的声音从事获利行为，就构成了侵权行为。像带货主播李佳琦所在公司便已将"Oh my god，买它买它！"这句话申请注册声音商标，一旦这一声音商标注册成功后，其他主播想要使用这句话时，就可能侵权。

律师说

声音与肖像一样，都是我们与众不同的特征，是人格权的重要组成部分。保护好我们的声音权益，也就是在保护我们的人格权利。

第四章 《民法典》与义务履行

- 遇到侵害时要正当防卫
- 助人为乐我在行
- 英雄烈士不可诋毁
- 国家文物不可侵占
- 邻里关系要维护
- 捡到失物要归还
- 恶意占有要担责

一　遇到侵害时要正当防卫

导读站

一天，小明走在放学回家的路上，突然被几个小混混拦住去路。小混混们向小明索要钱财，遭到小明拒绝，几个人二话不说便对小明拳打脚踢。小明被打倒在地，双手抱着头，一条腿胡乱向空中踢蹬。隐约间，小明听到一声惨叫，小混混中的一个人被踹倒在地。小明趁着其他人停手时，准备爬起来溜走，被从背后踹倒在地，又是一顿拳打脚踢。

小明双拳难敌四手，趴在地上本能地四处摸索，突然间抓住了一根棒子。他想也没想，抄起棒子挥舞起来，将几个小混混打伤后，径直跑回了家。

晚上，警察找到小明家中，将小明带到警察局接受调查。原来，小明将一个小混混打成重伤住院了。

民法小讲堂

在混乱中，小明将对方打成重伤，他是否要为此承担相应的责任呢？从这个故事来看，小明的行为并不属于故意伤人，而只是遭到不法侵害时采取了正当防卫。

《民法典》第一百八十一条第一款规定："因正当防卫造成损害的，不承担民事责任。""正当防卫"指的是自己或他人的人身权利、财产权利遭到不法侵害时，行为人采取的一种防卫措施。

在这个故事中，小明被几个小混混围殴，生命权、身体权、健康权等人身权利都遭到了不法侵害，在没有其他人帮助的情况下，如果他自己不反抗，那他的人身权利将会遭到更严重的侵害。

小明反抗侵害，并因此打伤侵害者，属于正当防卫行为。这是法律赋予每个人的权利，其目的在于保护被侵害者的合法权益不继续遭到侵害，是一种受到法律鼓励的行为。

小明在反抗的过程中打伤小混混，要不要承担一定的赔偿责任呢？这要看小明是否滥用了正当防卫这一权利。《民法典》虽然允许公民在合法权益受到侵害时进行正当防卫，但在正当防卫的应用举措和应用范围上也进行了一定的限制。

《民法典》第一百八十一条第二款规定："正当防卫超过必要的限度，造成不应有的损害的，正当防卫人应当承担适当的民事责任。"这里的"正当防卫超过必要的限度"指的是正当防卫应该以足以制止不法侵害为限。

在这个故事中，小明被一群小混混围殴，为了脱身，无意间打伤小混混，属于在必要限度内的防卫。如果几个小混混在拦住小明时，小明二话不说抄起棒子就打伤人，那这种行为即使满足正当防卫的其他要件，也属于一种"超过必要限度的防卫"，需要承担相应的民事责任。

中小学生在遇到不法侵害时，如果通过正当防卫可以脱身，则可以勇于自卫；但如果自我判断无法脱身，则可以使用"缓兵之计"，给对方钱财或承诺给对方钱财，先确保自己的生命安全。在成功脱身后，及时报警，然后通过法律手段来维护自身的合法权益。

律师说

　　法律并不鼓励"以暴制暴"，行使自卫权是为了避免可能发生的危险，是为了维护公民的人身安全，这两点要牢记。

二 助人为乐我在行

导读站

一天下午，小林和小秦放学往家走，正要过马路时，发现有一位老爷爷躺在马路边，身体不停颤抖。

两人迅速跑到老爷爷身边，小秦打算伸手扶起老爷爷，却被小林制止。小林的妈妈是医生，曾教过小林一些急救知识，因为搞不清楚老爷爷的身体情况，小林主张不轻易施救。

两人经过商量，将外衣脱下盖在老爷爷身上，又从老爷爷包中掏出手机拨打了120并联系了老人的家人。120救护车先一步赶到现场，两人跟着救护车一起赶往医院，途中又电话通知了老爷爷家属医院的位置。

最终，老爷爷的家属到达医院时，老爷爷已经脱离了生命危险，等在走廊里的小林和小秦也长舒了一口气。

民法小讲堂

助人为乐是中华民族的传统美德。近年来，社会上出现了一些助人为乐却遭追责、惹麻烦的事，这让不少人不敢再帮助他人。为了鼓励人们助人为乐，《民法典》中专门设立了相关的免责条款。

《民法典》第一百八十四条规定："因自愿实施紧急救助行为造成受助人损害的，救助人不承担民事责任。"

"自愿实施紧急救助行为"指的就是见义勇为或助人为乐的行为，通常是非专业人员自愿开展的救助行为。

助人为乐者不承担民事责任，是为了消除大众做好事的顾虑，有益于形成良好的社会风气，让善意传遍整个社会。

《民法典》用免责条款保护了助人为乐者，但这并不意味着我们可以在没有足够把握的情况下盲目行动。就像上面故事中的小林一样，他懂得急救知识，但在没有弄清楚老爷爷的病症之前，出于谨慎考量，他没有让小秦盲目抬起老爷爷，而是用衣服为老爷爷保暖，随后拨打120寻求专业人员的救护。试想，如果他和小秦盲目采取救助措施，那老爷爷的病症就可能突然加重，并危及生命。

《民法典》第一百八十三条规定："因保护他人民事权益使自己受到损害的，由侵权人承担民事责任，受益人可以给予适当补偿。没有侵权人、侵权人逃逸或者无力承担民事责任，受害人请求补偿的，受益人应当给予适当补偿。"

这一条款主要是鼓励帮助他人的行为。当助人者因帮助他人的行为使自己的权益受到侵害时，侵权人需要承担相应的民事责任，如果不存在侵权人或侵权人逃逸等情况，受益人则应当适当给予助人者一定的补偿。

这两条法律条文很好地体现了法律对道德的支撑，鼓励人们的助人为乐行为，对推动助人为乐的社会风气的形成具有重要意义。

律师说

在《民法典》中设立自愿实施紧急救助行为免责条款，顺应了全社会对公平正义的期待，也为助人为乐者提供了"保护伞"。

三 英雄烈士不可诋毁

导读站

一次，小丁和哥哥去烈士陵园扫墓，发现一个穿着稀奇古怪的人正拿着手机对着英烈纪念碑说着什么。二人走近一听，这个人在说"这些英烈都是假的，他们……"

小丁还没等这人说完，便打断了对方，向他说起英烈的故事。那人并不理会小丁，继续对着手机胡说八道。小丁哥哥看不下去了，便和对方扭打起来。最后，警察到场才将二人制止。

警察调解了二人的争斗，并以涉嫌侮辱、诽谤英雄烈士，将拿着手机的人带走。临走时，警察还安慰小丁说："小朋友，你是好样的，你是维护正义的小英雄！"

民法小讲堂

一个有希望的民族不能没有英雄，一个有前途的国家不能没有先锋。英雄烈士是中华民族的杰出代表，他们的事迹和精神是中华民族宝贵的财富。

近年来，互联网上出现了一些造谣抹黑英雄烈士的现象，在社会上造成极其恶劣的影响。2018年4月27日，中华人民共和国第十三届全国人民代表大会常务委员会第二次会议通过了《中华人民共和国英雄烈士保护法》，并在2018年5月1日起正式施行，为打击侮辱、诽谤英雄烈士行为提

供了重要的法律依据。

《民法典》有保护英烈的条文，其中第一百八十五条规定："侵害英雄烈士等的姓名、肖像、名誉、荣誉，损害社会公共利益的，应当承担民事责任。"

英雄烈士不仅包括那些为人民利益英勇斗争而牺牲的人，还包括那些在保家卫国和国家建设中做出重大贡献的已经逝去的人。他们都值得被铭记、被纪念，他们的故事应该得到传颂，他们的精神应该得到传承。英雄烈士是引领社会风尚的标杆，是指引社会前行的明灯，不应成为调侃和炒作的对象。

现在的中小学生出生在新时代，没有经历过保家卫国的战争，也没有体会过艰苦奋斗的岁月，对于英雄烈士的事迹，了解得也并不多。但我们应该思考一下，为什么现在的中国会如此强大，为什么我们会过上今天这样的好日子？

是因为在国家发展的历史中涌现出了一批又一批为了国家利益、为了人民利益献出宝贵生命的人，是他们用汗水和牺牲换来了国家的逐步强大和我们今天的好生活。因此，我们要纪念他们，永远传颂他们的故事，继承和发扬他们的精神，这样中国的未来才会更美好。

英雄烈士不容亵渎，不容诋毁。在上面的故事中，小丁和他的哥哥用行动捍卫英雄烈士的荣誉与尊严。《民法典》的"英烈条款"正是顺应时代需求所创设的，具有很强的现实意义和针对性。

律师说

一个没有英雄的民族是不幸的，一个有英雄而不知敬重爱惜英雄的民族则是不可救药的。

四 国家文物不可侵占

导读站

小张从小在古都长大，这里的城墙虽有残缺，但却充满着历史文化的气息。小张最喜欢与小伙伴们一起去田间野外"寻宝"，虽然每次都空手而归，但他们却始终都很喜欢这项活动。

一次，小张和几个小伙伴在一处荒地寻宝，发现了一枚钱币，上面的字迹已不清晰。经过一番寻找，他们又找到几枚类似的钱币。几个小伙伴打算分了这些钱币，但小张却执意要将它们交到派出所去。几个小伙伴拗不过小张，将钱币交到派出所，并向警察详细描述了发现钱币的过程。

几天后，当地的考古专家在小张发现钱币的地点，又找到了一些钱币和其他文物。正是由于小张等人提供的线索，这些文物才被及时发现，为此，派出所的民警专程到学校表扬了小张等人。

民法小讲堂

小张和几个小伙伴在发现文物后，并没有据为己有，而是把它上交，同时还为考古专家发现更多文物提供了线索。他们的行为不仅值得表扬，而且值得中小学生效仿和学习。

《民法典》第二百五十三条规定："法律规定属于国家所有的文物，属于国家所有。"需要注意的是，并不是所有的文物都是归国家所有的，只有"法律规定"属于国家所有的文物，才属于国家所有。比如，某个同学家里有祖传的文物瓷瓶，那这属于私人所有，而非国家文物。

《中华人民共和国文物保护法》第五条规定："中华人民共和国境内地下、内水和领海中遗存的一切文物，属于国家所有。古文化遗址、古墓葬、石窟寺属于国家所有。国家指定保护的纪念建筑物、古建筑、石刻、壁画、近代现代代表性建筑等不可移动文物，除国家另有规定的以外，属于国家所有。"

除了这些不可移动的文物归国家所有，还有一些可移动的文物，也是归国家所有的。《中华人民共和国文物保护法》中规定属于国家所有可移动文物主要包括：（一）中国境内出土的文物，国家另有规定的除外；（二）国有文物收藏单位以及其他国家机关、部队和国有企业、事业组织等收藏、保管的文物；（三）国家征集、购买的文物；（四）公民、法人和其他组织捐赠给国家的文物；（五）法律规定属于国家所有的其他文物。

小张和几个小伙伴捡到的钱币，就属于"中国境内出土的文物"，是国家所有的可移动文物。不管是国家所有的不可移动文物，还是不可移动文物，中小学生都应该热爱这些文物，发现文物不占为己有。

律师说

在日常生活中，我们可能不会像小张一样幸运捡到文物，但我们可以用自己的行动来保护国家文物古迹。比如，自己不在文物古迹上乱写乱画，见到破坏文物古迹的行为要及时制止、举报，这些都是我们可以做到的事情。

五 邻里关系要维护

导读站

笑笑家搬来幸福里社区已经两年，与街坊邻居的关系也很融洽，但最近一个月，楼上新搬来的住户却让笑笑一家很苦恼。

楼上新搬来的是一对年轻夫妻，带着四岁的小男孩。这个小男孩比较顽皮，每天都会在楼上跑跑跳跳，笑笑一家对此还能够理解。但最近一个月，每到晚上，楼上就会传来大吵大闹的吵架声音，不时还会有摔东西、砸东西的响声，这就让笑笑一家有些吃不消了。

笑笑爸爸几次都想找上门去，却都被笑笑妈妈制止了。笑笑妈妈说，街坊邻居间没必要为这点小事争吵，等哪天楼上的小夫妻不吵架了，再找他们谈谈也不迟。

几天后的一个晚上，楼上的小夫妻带着孩子来笑笑家做客，还给笑笑买了许多好吃的零食。原来，笑笑妈妈和小夫妻进行了沟通，他们也认识到了自己的不对，专门来赔礼道歉。

民法小讲堂

邻里关系是在日常生活中经常会遇到的问题。在处理邻里关系时，"以牙还牙"不仅无益于解决问题，还可能会使邻里关系恶化。那遇到邻里关系问题时，究竟应该怎么办呢？

《民法典》在"物权"编、"所有权"分编中有一章相邻关系的相关规定。《民法典》第二百八十八条规定："不动产的相邻权利人应当按照有利生产、方便生活、团结互助、公平合理的原则，正确处理相邻关系。"这一规定也可以看作是处理邻里关系的基本原则。

在上面的故事中，笑笑一家的正常生活受到了楼上邻居的影响，他们可以根据《民法典》处理相邻关系的基本原则，找到楼上邻居协商解决这件事。如果协商不成，还可以请求小区居委会或当地有关部门进行调解。笑笑一家人也可以到人民法院起诉，通过法律程序维权。

笑笑妈妈采用了有效协商来解决问题。她没有第一时间去找楼上邻居理论，而是等楼上的小夫妻矛盾化解后，心平气和地与对方沟通了这件事。正是笑笑妈妈这种容忍的态度，才使得对方登门道歉。

　　《民法典》第二百八十九条规定："法律、法规对处理相邻关系有规定的，依照其规定；法律、法规没有规定的，可以按照当地习惯。"比如，当楼上邻居持续制造噪声，打扰我们休息时，我们便可以根据《中华人民共和国环境噪声污染防治法》的相关规定，要求对方排除噪声影响。如果噪声影响了我们的健康，则可以要求对方赔偿相应损失。

　　前面提到的隐私权中的"生活安宁权"也可以用来解决邻里关系问题。当广场舞的噪声或邻居家的狗叫侵犯我们的生活安宁时，我们便可以依据《民法典》的相关规定，要求对方停止侵害、排除妨害。

律师说

　　在处理邻里关系时，最好是"大事化小，小事闹化了"。如果对方的行为已经严重影响了我们的正常生活，则可以通过法律手段来维护自己的合法权益。

六 捡到失物要归还

导读站

一天，浩浩和哥哥在公园晨跑时捡到了一部手机。正当两人商量如何处理这部手机时，手机铃声突然响了。

接通电话后，对方称自己是这部手机的主人，想要回手机。浩浩和哥哥同意了对方的要求，并与对方约定了归还手机的时间和地点。

浩浩和哥哥提前来到了预定地点，但等了一个多小时，却没有等到失主。眼看着上班时间就要到了，浩浩哥哥只得请了半天假。又过了大概一个小时，失主才开着车赶到。

双方寒暄一通后，浩浩哥哥把手机交给对方，但要求对方支付两百元钱，弥补自己请假造成的全勤奖损失。浩浩觉得哥哥的要求有些过分，但对方却想也没想便给了钱。

民法小讲堂

拾金不昧是中华民族的传统美德。千百年来，这种精神一直在传承发展。但到了今天，随着社会发展，已经不能单纯讲"捡到失物要归还"。这其中牵扯诸多方面的因素，要多角度考量这个问题。为了更好地保障拾物人和失物人双方的利益，《民法典》第三百一十四条规定："拾得遗失物，应当返还权利人。拾得人应当及时通知权利人领取，或者送交公安等有关部门。"

这一条款规定了遗失物拾得人有将遗失物返还给权利人的义务，即捡到他人遗失的物品后，要及时将物品还给对方；如果不知道遗失物的主人是谁，要将遗失物送交公安等有关部门。

在上面的故事中，浩浩和哥哥捡到手机后，与失主取得了联系，约定了归还手机的时间和地点，这样做是非常正确的。不过，浩浩哥哥要求对方支付两百元钱，是否有法律依据呢？

《民法典》第三百一十七条第一款规定："权利人领取遗失物时，应当向拾得人或者有关部门支付保管遗失物等支出的必要费用。"

当我们捡到别人丢失的物品时，为了保管和归还物品，可能会产生一些费用，这些费用是应当由遗失物的主人来承担的。如果产生的费用让归还遗失物的人承担，那就有失公平了。

失主肯定着急了，我要赶紧还给他。

为了归还别人丢失的物品，自己还要支付一定的费用，这样可能会打消很多人归还失物的积极性。正是基于这种考量，《民法典》规定了遗失物主人在领取遗失物时需要支付必要费用。

故事中浩浩哥哥要求对方给予自己一定的补偿，是基于"归还手机导致自己损失全勤奖"这一原因，这一要求是合理的。但需要注意的是，法律虽然规定了拾得人归还失物时应该得到一定的补偿，但这种"补偿"应该控制在合理的范围之内，超出合理范围的要求是不受法律保护的。

《民法典》第三百一十七条第三款规定："拾得人侵占遗失物的，无权请求保管遗失物等支出的费用，也无权请求权利人按照承诺履行义务。"

根据这一条款的规定，如果拾得人将遗失物据为己有，而后又被遗失物主人发现，那拾得人是不能要求对方支付相关费用的。在现实生活中，中小学生捡到别人的物品，千万不要据为己有。如果发现别人将自己的失物占为己有，则可以活用《民法典》中的相关内容，要求对方返还自己的物品。

律师说

拾金不昧值得鼓励，因归还失物而产生的必要费用也应当得到补偿，这是从道德和法律两方面确保行为人双方的权益。作为新时代的中小学生，捡到别人的失物时，要妥善保管，并尽早归还。

七 恶意占有要担责

导读站

小熊是小黄最好的朋友。每到假期，小黄都会邀请小熊来自己家打游戏。小熊很羡慕小黄有游戏机，也想让妈妈给自己买一台，但却总是被妈妈以"小学生要多学习，不要玩游戏机"为由拒绝。

无奈之下，小熊提出要花钱租借小黄的游戏机，租期为一个月。小黄同意了小熊的提议，拿到钱后，将游戏机借给小熊。

一个月后，小黄向小熊索要游戏机，小熊声称游戏机是自己花钱买的，拒绝归还。无论小黄怎么游说，小熊都无动于衷。感觉自己被骗的小黄只得将事情告诉双方家长，最终在家长的协调下，小熊将游戏机还给小黄。

民法小讲堂

借东西不还这种事，在生活中并不少见，很多原本要好的朋友，都因为这种事伤了感情，从此不再来往。其实，这种"借东西不还"的事情并不只是伤感情那么简单，从法律角度来讲，这种行为属于无权占有，占有者是需要承担一定的民事责任的。

《民法典》第四百六十条规定："不动产或者动产被占有人占有的，权利人可以请求返还原物及其孳息；但是应当支付善意占有人因维护该不动产或者动产支出的必要费用。"

这是我的！

我不管！我就要这个！

游戏机

在上面的故事中，小熊租借小黄的游戏机到期不还，就是占有了小黄的不动产。在这种情况下，小黄是有权要回自己的游戏机的，他还需要证明自己当时确实是将游戏机租借给了小熊，而不是卖给了小熊。

《民法典》第四百五十九条规定："占有人因使用占有的不动产或者动产，致使该不动产或者动产受到损害的，恶意占有人应当承担赔偿责任。"

小黄拿回游戏机后，如果发现游戏机被损坏，可以要求小熊进行相应的赔偿。

《民法典》对占有的规定保障了权利人的合法权益，对于"有借无还"的行为，也会产生法律震慑的效力。

律师说

在日常生活中，为了确保自己的合法权益，借给别人东西时，一定要注意保留相关证据。在遇到借还纠纷时，真正能解决问题的只有法律事实。

第五章 《民法典》与责任承担

- "自甘风险"的文体活动
- 买到缺陷产品怎么办
- 污染环境要担责
- 高空抛物要严惩
- 饲养动物要遵规守法

一 "自甘风险"的文体活动

导读站

某校为庆祝建校六十周年，组织了一场中学生篮球比赛。每个班级派出一支队伍，学生可自愿报名参加，班主任负责告知比赛的风险和注意事项，体育老师则指导学生进行训练。比赛时，学校安排了专业裁判人员和医护人员提供相关服务。

在一场比赛中，小东与他人发生碰撞，手指骨折，医护人员对其进行了初步治疗，并及时将其送到医院。事后，小东妈妈找到学校，要求学校和另一位学生承担小东受伤的全部责任。经过律师调解，最终学校承担了一部分赔偿责任，另一部分责任则由小东自行承担。

民法小讲堂

小东参加学校组织的篮球赛受伤，为什么还要自己承担一部分责任呢？学校难道不应该负全责吗？

在以往类似事件中，学生一旦在运动中受伤，学校就要承担安全保障责任；即便有些时候学校无责，仍然也要承担一定的"人道主义补偿"责任。如此一来，出于安全考虑，很多学校索性取消了那些具有"安全隐患"的体育运动，这样学生不会在运动中受伤，学校也不用再承担责任了。

近年来，一些学校为了规避可能发生的责任风险，取消了跑步、三级跳、铅球、体操等安全风险较高的体育运动。有的学校还大幅缩减了学生参加课外活动的时间，不组织夏令营，不组织出游，不举办体育比赛……这种做法与国家大力提倡开展校园体育运动是背道而驰的。但对于怕"担责"的学校来说，这也是无可奈何的选择。

武汉大学法学院教授、博士生导师张素华认为，组织文体活动可能带来风险，只有释放这样一种风险，才能够激发更多举办活动者的热情。

《民法典》第一千一百七十六条规定："自愿参加具有一定风险的文体活动，因其他参加者的行为受到损害的，受害人不得请求其他参加者承担侵权责任；但是，其他参加者对损害的发生有故意或者重大过失的除外。"

《民法典》这一条款就是为了释放风险而制定的，它对"自甘风险"的认定，是我国第一次确认"危险的自愿承担"为免责事由。

要构成"自甘风险"这一免责事由需要一些必要条件：

（一）组织者组织的文体活动本身具有一定的风险。大多数体育运动都存在一定的安全风险，有一些运动比如蹦极、攀岩等运动的安全风险更大。

（二）受害人对于文体活动存在危险有意识，但是依然自愿参加。一般来说，对文体活动危险的意识，与参与者的年龄有很大关系。八周岁以下的儿童很难对各项文体活动中的危险有自觉意识，八周岁以上的儿童也需要学校、老师或家长的引导，才能意识到各项问题活动中的危险。

（三）受害人参加此活动，因其他参加者的行为造成损害，并且组织者和其他参加者没有故意或者过失。

在上面的故事中，小东的受伤是由其他参加者所造成的，但并非对方有意为之，学校在组织活动中，也不存在明显过失。所以，造成小东受伤的参加者并不需要担负责任，学校也不需承担全部责任。

学校在组织体育活动时，要注意贴近实际，妥善安排；中小学生在参加体育活动前，要了解自身情况和活动危险，多加防范，量力而行，这样才能从根本上减少校园文体活动引发的伤害。

律师说

开展校园体育运动对增强学生体质、保证学生身体健康具有重要意义。《民法典》中"自甘风险"的规定，不仅让文体活动中发生的人身损害赔偿纠纷有法可依，也可以让各方承担的责任更为公平合理，有利于各项文体活动健康有序地开展。

二 买到缺陷产品怎么办

导读站

一次，小希妈妈用新买的电水壶烧水。水烧开后，小希妈妈刚用手接触水壶的把手，就感觉到一阵麻，随后整个人便跌倒在地。因为磕碰到橱柜边缘，小希妈妈的手臂被划破了，在医院缝了十多针。

小希妈妈住院后，小希爸爸将电水壶送到有关部门进行检测，最终结果是产品有质量问题。小希妈妈出院后，一家人找到商店要求赔偿，却被店老板以"生产厂家负责"为由拒绝。无奈之下，小希爸爸只得联系生产厂家寻求赔偿。一番沟通后，厂家让小希爸爸把备齐的材料寄给他们，然后等待处理。小希爸爸把材料寄给了厂家，赔偿却一直没有下文。

两个月后，小希爸爸直接向法院提起诉讼，要求商家和厂家进行赔偿。经过法院审理，最终小希爸爸胜诉，拿到了应得的赔偿。

民法小讲堂

在日常生活中，如果买到了有缺陷的产品，我们应该向谁索赔呢？生产厂家肯定是摆脱不了责任的，但找厂家索赔会不会遇到和小希家一样的问题呢？出售商品的商家不需要承担责任吗？难道不能直接找他们索赔吗？

《民法典》第一千二百零二条规定："因产品存在缺陷造成他人损害

的，生产者应当承担侵权责任。"

《民法典》第一千二百零三条第一款规定："因产品存在缺陷造成他人损害的，被侵权人可以向产品的生产者请求赔偿，也可以向产品的销售者请求赔偿。"

在上面的故事中，小希家新买的水壶因为漏电致使小希妈妈受伤，这种情况便属于"产品存在缺陷造成他人损害"，小希家是有权要求电水壶的生产者和销售者承担相应责任进行赔偿的。需要注意的是，这里的"赔偿"是针对侵权损害的赔偿，也就是小希妈妈被水壶电伤并被壁橱划伤的损害赔偿，而不是赔偿一个电水壶。

《民法典》第一千二百零三条第一款中提到的"被侵权人"，不仅指直接购买有缺陷产品的人，也包括非直接购买缺陷产品却受到缺陷产品损

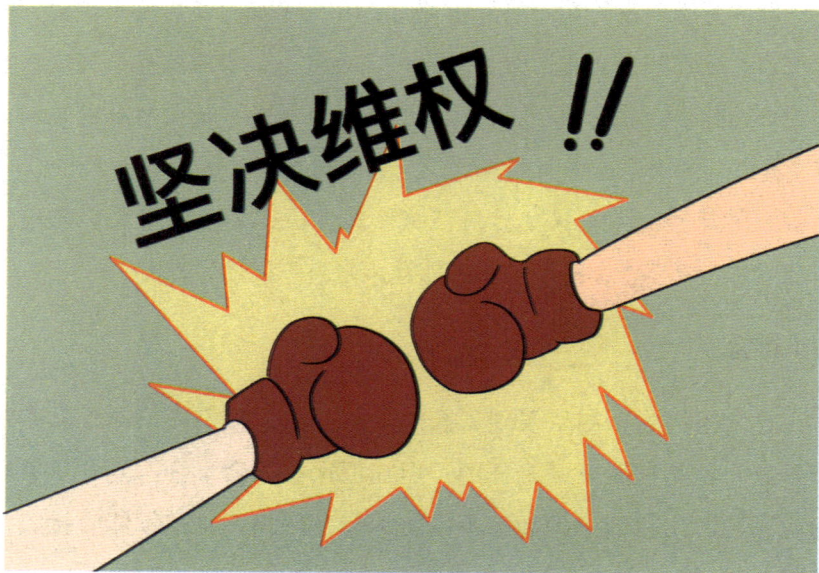

害的其他人。比如，小希妈妈的同事来家里做客，使用电水壶触电并受到伤害，那小希妈妈的同事也可以要求水壶的生产者或销售者进行赔偿。

《民法典》第一千二百零三条第二款规定："产品缺陷由生产者造成的，销售者赔偿后，有权向生产者追偿。因销售者的过错使产品存在缺陷的，生产者赔偿后，有权向销售者追偿。"

这一条款是对被侵权人进行赔偿之后，产品生产者和销售者追偿权的规定。只要确定了被侵权人是因产品缺陷遭到了损害，无论是生产者，还是销售者，都应履行对被侵权人的赔偿责任。最终究竟应该由生产者还是销售者来承担这笔赔偿，还需要看产品的缺陷是由谁造成的。

律师说

如果买到的产品有缺陷，并因此造成人身损害，一定要及时保留证据。不论卖家和厂商怎样推脱，只要有证据可以证明缺陷产品造成了损害，就可以通过法律途径依法维权、索赔。

三 污染环境要担责

导读站

小胖家从事水产养殖已经十年，虽没赚到什么大钱，但生活也算过得去。但最近一年，小胖父母却遇到了一件烦心事。

原来，离小胖家承租的养殖场不远处，新开了一个工厂。自从工厂开业以来，小胖家养殖的水产便接连死亡，直到半年之后，小胖父母才查明是工厂排污所致。

小胖父母为了讨回公道，拿着污染检测报告来到工厂讨要说法，但却被工厂保安多次拒之门外。无奈之下，小胖父母只好到法院提起诉讼，要求工厂承担责任赔偿损失。

民法小讲堂

《民法典》第一千二百二十九条规定："因污染环境、破坏生态造成他人损害的，侵权人应当承担侵权责任。"这一条款体现了《民法典》的"绿色原则"。

这里所说的环境污染，既包括对生活环境的污染，也包括对生态环境的污染。在上面的故事中，工厂排污所影响的不仅仅是小胖家的养殖场，也影响了工厂周边的生态环境，这是一种严重的侵权行为。

环境污染责任属于一种特殊的侵权责任，其采用无过错责任的原则，也就是说，只要有受害人遭到损害，并且能证明这一损害与污染者行为存

在必要的因果关系，不管污染者有无过错，都应该对其污染造成的损害承担侵权责任。

因此，只要小胖父母能够证明自家水产死亡与工厂排污有直接关系，工厂就必须要承担相应的责任。如果能够证明工厂的排污行为是故意的，并且造成了严重后果，小胖父母还可以依法请求相应的惩罚性赔偿。

《民法典》第一千二百三十二条规定："侵权人违反法律规定故意污染环境、破坏生态造成严重后果的，被侵权人有权请求相应的惩罚性赔偿。"

要获得惩罚性赔偿，需要满足三个要件：

首先，侵权人实施了损害生态环境的行为。这是该条款适用的基础，如果工厂不存在违法行为，那也就不存在所谓的赔偿责任。

其次，侵权人主观上违反法律规定，故意损害生态环境。工厂明知道排放污水是法律禁止的行为，却仍然排放，这便是主观上违反法律规定，故意损害生态环境的行为。

最后，侵权人故意实施的损害生态环境行为造成的损害后果严重。例如，小胖的家人或其他人因吃了受污染的水产，健康受到严重损害或死亡，便属于"损害后果严重"的情形。如此，工厂就要承担惩罚性赔偿责任。

对于小胖家来说，如果在工厂排污之初，及时将情况汇报给有关部门，自身的损失可能会少一些。有关部门及时制止污染，生态环境遭破坏的程度会更小一些。在日常生活中，当我们遇到污染环境、破坏生态的行为，一定要及时向有关部门举报，这样才能更好地保护生态环境。

律师说

生态环境的好坏直接影响着人们的生活质量，关系着千家万户的幸福。在生态环境保护问题上，任何人和企业都不能越雷池一步，否则就应该受到严惩。

四 高空抛物要禁止

导读站

一日，小李、小华相约去小魏家玩耍。三人一会儿在客厅折腾，一会儿去卧室玩耍，一会儿又跑到厨房打斗。正当三人打斗时，不知是谁将窗台边的鸡蛋撞出窗外，等到三人察觉时，鸡蛋已经掉到了楼下的轿车顶上。

三人面面相觑，似乎想到了什么有趣的事情。很快，小魏从冰箱中拿出一袋鸡蛋，三个人相继将鸡蛋从窗户抛下，比赛谁抛得准。不一会儿，一袋鸡蛋就抛没了，楼下的轿车车顶也被砸得变形。

三人似乎有些意犹未尽，还想要抛别的东西，却被楼下的人吼住。不久，小魏家的门铃响了，警察将三人带走。傍晚，三个人的家长支付完赔偿款后，才从警察手中把三人带走。

民法小讲堂

在小李、小华和小魏眼中，向楼下抛鸡蛋可能是件有趣、好玩的事情，但对于行走在楼下的人们来说，这是件极为危险的事情。因为，一颗从楼上抛出的鸡蛋，轻易就能夺走一个人的生命。

从2016年到2018年，全国法院共审结高空抛物、坠物民事案件1200余件，其中近三成案件导致人员伤亡。近几年来，"高空抛物"已经成为社会关注的普遍问题，这种行为的危害性较大，又很难寻找到直接责任人，处理此类事件也比较困难。

　　为了更好地解决高空抛物问题，有效认定高空抛物事件责任，《民法典》第一千二百五十四条第一款规定："禁止从建筑物中抛掷物品。从建筑物中抛掷物品或者从建筑物上坠落的物品造成他人损害的，由侵权人依法承担侵权责任；经调查难以确定具体侵权人的，除能够证明自己不是侵权人的外，由可能加害的建筑物使用人给予补偿。可能加害的建筑物使用人补偿后，有权向侵权人追偿。"

　　由此可知，"禁止从建筑物中抛掷物品"属于一项禁止性规定。高空抛物是非常危险的危害公共安全的行为，是必须要严格禁止的行为。

　　除了主动抛掷物品外，从建筑物上坠落的物品造成他人损害的，侵权人也需要依法承担侵权责任。比如，在窗台养了一盆花，一场大风吹过，把花盆从窗台吹落，正好砸到楼下的轿车上，这盆花的主人就要承担相应的侵权责任。

　　发生高空抛物后，经过调查没找到高空抛物者，所有可能加害的建筑物使用人都需要共同承担补偿责任。如果有人可以证明自己不是侵权人，且高空抛物事件发生时，自己和家人都不在家，那他便不需要承担补偿责任。如果建筑物使用人完成补偿后，找到了真正的高空抛物者，建筑物使用人便可以向侵权人进行追偿。

　　前面故事中，小李、小华、小魏三人的行为就是典型的"高空抛物"，虽然还未成年，但这并不能成为他们进行危险行为的借口。如果他们的行为造成严重的人身伤亡，他们可能会面临更严重的处罚。

律师说

　　《民法典》对高空抛物坠物责任的规定，是守护公民"头顶上的安全"的重要举措，也是处理高空抛物事件的法律指南。

五 饲养动物要遵规守法

导读站

粒粒因为家里的狗狗很听话，所以遛狗时从来不拴绳子，为此妈妈和粒粒谈过很多次，粒粒都拒绝遛狗拴绳。

一次，粒粒领着狗狗外出遛弯。正当粒粒专心看手机时，突然听到狗叫声。粒粒寻声望去，狗狗正在撕咬一个小孩子的鞋子，一个中年妇女则正在用脚踢踹狗狗。粒粒赶忙跑了过去，将狗狗叫到身旁。

小孩子的脚被狗狗咬出了血，狗狗的脚被中年妇女踹瘸了。中年妇女要粒粒赔偿，而粒粒也要中年妇女赔偿。中年妇女报了警。很快粒粒的家长和警察到达现场，有老大爷作证说是小孩子先追打的狗狗。最终，粒粒家长带小孩子打了狂犬疫苗，其余的事就各自负责了。

事情虽然解决了，但粒粒觉得错都在对方，自己的狗狗受伤了还要自己家负责，心里很不开心。

民法小讲堂

小孩子先追打狗狗，才导致自己被咬伤，为什么要粒粒家出钱去打疫苗呢？如果从事件发生的因果关系来论断，这件事确实是小孩子的错误行为所引发的，但粒粒家之所以要承担责任，主要是因为粒粒不给狗狗拴绳这种行为。

《民法典》第一千二百四十六条规定："违反管理规定，未对动物采

取安全措施造成他人损害的，动物饲养人或者管理人应当承担侵权责任；但是，能够证明损害是因被侵权人故意造成的，可以减轻责任。"

这里的"管理规定"主要指的是规范性的法律文件的规定，比如《天津市养犬管理条例》《上海市养犬管理条例》等，居民小区的管理条约并不属于该条款中所说的管理规定。

粒粒遛狗不拴绳子，属于"未对动物采取安全措施"，如果她给狗狗拴上绳子，后面狗狗咬人的事情可能就不会发生。所以，在这件事上，粒粒作为动物饲养人是需要承担责任的。由于有大爷能证明狗狗咬人是因为小孩子追打狗狗，可以减轻责任，所以粒粒家人只带对方打狂犬疫苗。

文明遛狗

《民法典》第一千二百四十五条规定："饲养的动物造成他人损害的，动物饲养人或者管理人应当承担侵权责任；但是，能够证明损害是因被侵权人故意或者重大过失造成的，可以不承担或者减轻责任。"

如果有小偷潜入粒粒家行窃，惊动了狗狗，小偷想打晕狗狗以防惊醒他人，结果被狗狗咬伤。根据上述规定，粒粒家不需要承担赔偿责任。

律师说

宠物主人既然选择饲养宠物，就要担负起宠物伤人的侵权责任。与其等到宠物伤人后想方设法去减轻责任，不如在饲养宠物时就采取好安全措施。

第六章

《民法典》与家庭关系

- 优良家风要传承
- 爱与被爱，抚养与赡养
- 我有选择"爱与被爱"的权利
- 用录音录像也能立遗嘱

一 优良家风要传承

导读站

从爷爷那一代开始，小阳家就是村中有名的"五好家庭"，一谈到小阳家，村里人都会竖起大拇指，连连称赞。

小阳的爷爷是村干部，一心为百姓办事，自己一直住着小破房子；小阳的爸爸是村里第一个经商的，帮助不少村民找到了工作，提高了收入；小阳妈妈是村里的妇女主任，谁家有些什么事情，她都会及时帮助。

在小阳成长过程中，爸爸、妈妈经常会为他讲祖辈勤俭自强、乐善好施的故事，希望他能像祖辈一样，可以得不到功名利禄，但不能丧失诚信良心。

民法小讲堂

《民法典》第一千零四十三条第一款规定："家庭应当树立优良家风，弘扬家庭美德，重视家庭文明建设。"因为规定了家风建设、家风传承的内容，提倡家庭文明建设，这一条款又被称为"家风条款"。

近年来，一些辱骂父母、家暴妻儿、婚内出轨的新闻层出不穷。从表面上看，这只是个别人因素质低下做出的败坏社会风气的事，但从本质上来看，是这些人的家庭内部治理出现了问题，或者说是因为家教不严、家风不正。只有解决家庭内部治理的问题，这些败坏社会风气的事才会减少。基于此，《民法典》才制定了这一条款的内容。

小阳家几代人对人都真诚热情，这正是拥有优良家风的表现。在这种家庭中成长起来的孩子，会更好地要求自己，更好地对待别人。如果每个家庭都能如此，社会就会变得更加和谐、美好。

《民法典》的"家风条款"属于倡导性规范，在表述时使用的是"应当……"的规定，其并不能作为分配权责义务的依据，也不受国家强制力保障实施。

因此有人认为这一条款是可有可无、中看不中用的，但事实却并非如此。为什么"家风条款"要用倡导性规范，而不用强制性规范呢？这是因为家风建设从本质上来说属于一种道德义务。比如，坐公交车给老人让座是传统美德，如果要将这一美德变成强制性条款，"坐公交车不给老人让座就罚款""坐公交车不给老人让座就判刑"……显然是不合适的。

在这种情况下，使用倡导性规范就再合适不过了，"为弘扬传统美德，年轻人坐公交时应主动给有需要的老年人让座"，这种倡导性规范不具有强制力，只是倡导年轻人要这样做。如果年轻人因为身体不适，也需要坐在座位上，那不让座也是可以的。

通过这种倡导性规范，可以起到一种价值引领和行为示范的作用，可以让人们更好地遵守道德规范，更有利于在整个社会形成优良的风气。

律师说

在社会治理中，法律与道德是相辅相成的。在家风建设中，我们既要遵守道德的准则，也要遵守法律的要求。

二　爱与被爱，抚养与赡养

导读站

小方的父母在小方三岁那年便离家打工，一直到小方十四岁，也没有回过一次家，更没有给过小方一分钱。

小方从小跟爷爷奶奶长大，性格内向，不喜欢和别的小朋友玩耍。他每天放学后，都会主动帮爷爷割草干农活，帮奶奶做饭收拾屋子。小方的爷爷奶奶身体一日不如一日，整个家庭都要靠村人接济才能维持生计。

小方从小到大都没提过找寻父母的事，但在十五岁时，他决定去找父母，并不是为了和他们团圆，而是为了讨要抚养费。小方打算用自己的抚养费来赡养爷爷奶奶。

民法小讲堂

小方是个懂事孝顺的孩子，他的父母却不是负责的父母。小方向父母索要抚养费是正确的，也是受到法律支持的。

《民法典》第一千零六十七条第一款规定："父母不履行抚养义务的，未成年子女或者不能独立生活的成年子女，有要求父母给付抚养费的权利。""抚养"是指父母对未成年子女的健康成长提供必要的物质条件，包括哺育、喂养、抚育、提供生活、教育和活动的费用。

在上面的故事中，小方的父母在小方三岁时外出打工，并未给小方一分钱，将抚养义务抛于脑后，不仅是一种不负责任的做法，而且也是违法行

为。父母对未成年子女的抚养义务是法定义务，是不可随意放弃的义务。

小方还未成年，不具有独立生活的能力，而抚养他的爷爷奶奶身体又不好，小方向法院提起诉讼，要求父母支付抚养费，是会得到人民法院的支持的。假设小方成年之后，依然不能独立生活，那他也可以要求父母给付抚养费。

"不能独立生活的成年子女"指的是尚处在校接受高中及其以下学历教育，或者丧失或未完全丧失劳动能力等非主观原因，而无法维持正常生活的成年子女。如果不符合这里面的条件，比如已经入职工作了，但每月入不敷出，没办法维持自己的正常生活，这种情况是不能向父母索要抚养费的。

在这个故事中，小方可以向父母索要抚养费，同时小方的爷爷奶奶则可以向小方父母索要赡养费。根据《民法典》第一千零六十七条第二款规定："成年子女不履行赡养义务的，缺乏劳动能力或者生活困难的父母，有要求成年子女给付赡养费的权利。"成年子女对父母的赡养义务也是一项法定义务，是必须履行的义务，尤其是对缺乏劳动能力或生活困难的父母，成年子女更应该担负起赡养老人的义务。

小方的爷爷奶奶身体每况愈下，已经无法维持整个家庭的正常生活，小方的父母未给家里一分钱，没有尽到赡养义务。所以，小方的爷爷奶奶可以通过诉讼，要求小方父母给付赡养费用。

律师说

父母养育子女、子女孝敬父母是中华民族的传统美德，也是法律规定的公民应尽义务；父母不抚养孩子，孩子不赡养父母，是逃避法定义务的行为，是要受到法律制裁的。

三 我有选择"爱与被爱"的权利

导读站

小爱九岁那年，父母因为感情不和，协议离婚。父母在离婚之前，曾询问小爱想要跟谁一起生活。虽然妈妈经营着一家公司，有足够的钱可以让她过上更好的生活，但小爱经过仔细考虑后，还是选择和爸爸一起生活。两人租住在学校旁的老旧小区。

民法小讲堂

父母离婚时，子女有权选择跟谁一起生活吗？

对于这个问题，《民法典》在第一千零八十四条中做出了详细规定。其中第一款规定："父母与子女间的关系，不因父母离婚而消除。离婚后，子女无论由父或者母直接抚养，仍是父母双方的子女。"第二款规定："离婚后，父母对于子女仍有抚养、教育、保护的权利和义务。"第三款规定："离婚后，不满两周岁的子女，以由母亲直接抚养为原则。已满两周岁的子女，父母双方对抚养问题协议不成的，由人民法院根据双方的具体情况，按照最有利于未成年子女的原则判决。子女已满八周岁的，应当尊重其真实意愿。"

由于小爱已经年满八周岁，所以在父母离婚后，小孩可以根据自己的真实意愿选择跟谁一起生活。小爱确定了自己的真实意愿后，法院应对其真实意愿予以支持。

给我抚养费

父母离婚后，子女与父母的亲属关系并不会发生改变。父母依然是子女的父母，父母双方也依然要对孩子的成长负责。所以即使小爱选择跟爸爸一起生活，小爱的妈妈也要承担起抚养、教育小爱的费用。

未满两周岁的孩子仍处于哺乳期，所以通常情况下会由哺乳的母亲抚养孩子。但也有一些特殊情形，孩子会交由父亲抚养。比如，母亲有重病或传染病，不能与子女共同生活；母亲不愿尽抚养义务，而父亲又要求子女与自己生活。

两周岁到八周岁之间的未成年子女，如果父母双方都要求其随自己生活，那就要看谁能更好地照顾未成年子女。法院将会从最有利于未成年人成长的原则出发做出判决。

有一些特殊情况，法院也会将其作为优先考虑事项。比如，离婚父母一方有子女，而另一方无子女，那法院可能会倾向让孩子跟随无子女一方生活；子女随父母中一方生活时间较长，改变生活环境对子女健康成长明显不利，法院也可能会倾向于让子女在原有生活环境中成长。

律师说

在"离婚后子女的抚养"这一问题上，《民法典》坚持最有利于未成年子女成长的原则，同时也尽可能地尊重未成年人的意愿，体现了"以人为本"的原则。

四 用录音录像也能立遗嘱

导读站

小丹的爷爷在睡梦中离世，没有遭受病痛的折磨。爷爷去世后，小丹的叔叔姑姑都赶回老家，为老人举办了葬礼。葬礼过后，一家人开始商议分遗产。

他们以为老人家没立下遗嘱，结果村干部拿出几段录像视频，说是老人家留下的录像遗嘱。老人在视频中提到将自己的房子留给小丹一家，财产分给小丹的叔叔和姑姑。一家人对遗产划分没有意见，却对遗嘱的合法性有些怀疑。他们咨询了法律人士才知道，在《民法典》施行后，录像遗嘱也是合法有效的。

民法小讲堂

《民法典》在"继承"编中，以专门条款规定了录音录像遗嘱的相关内容，认定了录音录像遗嘱的合法有效性。

录音录像遗嘱是一种新型的遗嘱方式，是用录音录像的方式录制下来的遗嘱人的口述遗嘱，是一种视听遗嘱。

《民法典》第一千一百三十七条规定："以录音录像形式立的遗嘱，应当有两个以上见证人在场见证。遗嘱人和见证人应当在录音录像中记录其姓名或者肖像，以及年、月、日。"

录音录像遗嘱要合法有效，还要满足一些必要的条件：

首先，要有两个以上的见证人在场，见证人在录音录像中应该记录自己的姓名或肖像，以及具体的年、月、日。这和彩票开奖时公证员所做的工作比较相似。

其次，遗嘱人需要亲自叙述遗嘱的内容。在叙述时，应该尽量具体，不能只说财产要怎么分，还要说明财产的具体情况。与见证人一样，遗嘱人也需要在录音录像中记录自己的姓名或者肖像，以及具体的年、月、日。

再次，录制完遗嘱后，遗嘱人、见证人还要将有关视听资料封存好，并签名、注明日期，以此来确定遗嘱订立的具体时间。

最后，录音录像遗嘱需要当众开启。在遗产分配时，参与制作遗嘱的见证人和全体继承人都到场的情况下，才能当众开启录音录像，以此来维护录音录像遗嘱的真实性。

一般来说，具备这些要件的录音录像遗嘱才具有法律效力。作为一种新型的遗嘱方式，录音录像遗嘱只是形式上的一种"新"，其成立所要满足的法律要件与其他形式的遗嘱大致相同。

律师说

《民法典》正式施行后，自然人可以依照相关规定，用立遗嘱的方法，处置个人的遗产，并且可以指定遗嘱执行人，由遗嘱执行人执行自己的遗嘱。